14 MELODIES
En confidences poétiques

Du même auteur

LE CHANT DES CŒURS
LE CONCEPT EN POÈMES
FORT UTILE ET BEAU
DU NOIR ET BLANC À LA COULEUR – EXTRAITS D'UNE VIE
FORTITUDE - POÈMES ET CHEMINEMENT AVEC LA VAILLANCE

Christina Goh

14 MELODIES
En confidences poétiques

Intériorité et exploration inédite
d'une histoire musicale

BoD

© 2015 Christina Goh. Tous droits réservés.

Graphisme couverture : yüxpe France
Photo : Claire Vinson – photours.fr
Edition : BoD - Books on Demand
12/14 rond-point des Champs Elysées
75008 Paris
Imprimé par BoD – Books on Demand, Norderstedt

ISBN : 978-2-3220-01987-8
Dépôt légal : Août 2015

A Jacqueline Quentin Louison pour son courage

Mot de l'auteur - Prologue

Cet ouvrage explicite en poèmes l'univers du spectacle "14 MELODIES – Live au Petit Faucheux". Une expérience musicale, visuelle mais aussi écrite et poétique.

A consulter seul, en écoutant le disque du concert ou en regardant la vidéo (D.V.D.) du même nom, ce recueil est spécifique à bien des égards.

Je voulais aller plus loin dans l'exploration de ces mélodies si particulières et partager avec vous ces émotions pures, à l'origine de la composition.
Tout un univers se décline autour de ces quatorze mélodies et la poésie le révèle à merveille…

Bonne lecture !
Chaleureusement.

Christina Goh

**De l'argile et du feu
De l'air et de l'eau
On vous a raconté l'histoire…
En quatorze mélodies.**

(De l'argile...)
Fragile.

1. Thème d'un prélude

Rescapé de la cruauté, l'amour en allié
Mais pourquoi parler si personne n'écoute?
Même quand leur cœur se plaît à entendre
Ce n'est que pour mieux oublier…

Ainsi le tambour s'est fermé
Les coups n'étaient plus que sourds
Personne n'a vraiment fait attention
Seulement leur cœur battait moins bien

Plus aucune résonnance au flux de la vie
Elle s'en allait de plus en plus vite
Sans que plus rien ne la retienne…
Plus rien… Sauf le rêve…

Dans mes rêves, résonne le tambour
Les cœurs palpitent, scandent, la vie parle
J'applaudis, je chante…
Alors je me souviens.

2. Le lac

Un cheminement long et sinueux
Avec pour écho les cris de douleurs
Le feu de l'enfer est celui qui réchauffe
On cherche l'air, on trouve le fer...

Un monde en contrastes et de travers
Tremblant de l'intérieur, stable en apparence
L'horreur se décline en calendrier méthodique
Les perles se trouvent au creux des aspérités

Mais on n'y fait plus attention, et sur la route,
On croise les partenaires de solitude, on s'oublie
Toujours plus prand le désir de dormir, rémission
Quand on vit dans un décor, illusions de veuleries

J'ai tourné en rond et, fatiguée,
Me suis appuyée sur une grosse colonne
Elle s'est effondrée tout comme mon univers
Tout a été englouti et s'est formé un lac...

Tout est différent

Tourne en rond
Autour du lac
Et cherche, sonde
Le lac.
Miroir des hommes
Reflet d'un monde
Autre, trouble,
Reste le lac
De surface.
De la berge.
Plonge
Tout au fond
Jusqu'au centre
En profondeur
Ressens…
Impossible
Mal
Poitrine
Dans l'eau
Inspire
Etouffe…
Me tends
A bout
Relâche.
Autre…
Exhale
Mais…
Respire !

Etrange…
Emerge
Du lac…
Tout est différent
Tout.

3. En pensée

La différence n'a rien à dire
Elle s'impose d'elle même

Qui l'assume en paie le prix
C'est la mise à mort, à moins de partir... Loin.

Le discordant mène toujours une quête solitaire
Quand rôde dans ses pensées profondes l'indésirable

L'implacable, l'horrible carence d'une habitude
D'une trouble vie passée, à laquelle il a dit non.

Partir est invariablement une déchirure...
Qui se soigne.

La solitude est un trompe-l'œil

La solitude est un trompe-l'œil
Dans le vide résident nos souffles
Et, de cet enthousiasme, naît le cœur

Puis tout n'est que pulsations ultimes
Du silence, d'ineffables fréquences
Que l'on comprend sans savoir…

Toi qui lis,
Toi qui écoutes,
Toi et…

Avec ou sans contact
Avec ou sans toi
Où que j'aille…

Les autres… Echos
Oui, en moi résonne l'autre
Quoique je fasse, Tu y as une part

D'autres… Et un écho
En nous, je résonne, et seulement
Quand tu avances, tu me portes.

Quand j'avance, je te porte.
En moi.
Déroutante certitude !

(De l'air)
Vide...

4. Je retourne chez moi

J'halète, je cours et cherche mon souffle
Cette impression de mal respirer…
Crise de panique

Quand on cherche le connu
Au milieu du mystère.
Pourquoi faudrait-il du courage ?

Juste envie de pleurer
Encore. Et de me laisser mourir
Mais la mort n'aime pas le réconfort…

On s'est trompé...

Un carrefour. Une incertitude. On avance à reculons
Puisque le retour semble la seule route...
Sûre ?

Face au grondement troublant du tonnerre
Menace ou promesse ? On s'illusionne
D'un «chez soi»

Mais des bras de sa mère à la nation qui appelle,
Du ciel à la terre nourricière, tout est croyance,
Usurpation

L'enfance, une genèse, une île aux récifs tranchants
Et aborder ses côtes est une opération qui risque
Le néant

Car le passé est souvent un refuge fragile ou lissé
Embelli par l'effroi que suscite l'incontrôlable instant
Présent

Vouloir rentrer «chez soi» est un cri du cœur
Oh, une détresse qui hurle à quel point on s'est
Trompé...

«Je retourne chez moi», ni la maison, ni la mort...
C'est quand on revient à un soi qu'on commence
A connaître...

5. L'oubli

Je crois distinguer un bruit sourd
Rien d'audible, comme des battements
Irréguliers au premier abord…
Trouble…

Je prête plus attention au perceptible
C'est un étrange bourdonnement
Un son inassimilable pourtant familier
Intrinsèque, il retentit si fort en moi…

Plus je l'écoute et plus il vibre
Pulsation, je deviens moi-même
Pulsation. Je crois que je suis
En tête en tête avec mon coeur.

Oh !
Je comprends son langage !

L'acharnement et l'illusion

La distraction est la reine de ce monde
L'or et l'argent ne sont que les valets
Qui mènent les hommes vers le délassement
Pour l'érosion subtile et efficace de leur mémoire

Distraction se plaît à planter ses dards dans nos âmes
Pique à loisirs nos envies intrinsèques de comprendre
Puis offre sa réponse comme un chateau de bulles
Qui captivent, éclatent, au gré des désirs du moment

Distraction est une emprise tyrannique, sans relâche,
Nous sollicite à tout instant, nous appelle et sa voix,
Nous excite à disparaître droit dans l'éphémère…
Qui se soucie alors de l'être porté manquant ?

Tout nous ramène à l'essence des choses, des êtres
Mais la distraction nous perd dans un labyrinthe de
simulacres. Lutte acharnée, dès la naissance, pour
qu'on oublie : l'amnésique se dessert, sert et dort…

6. La chanson du djembé

J'ai dormi longtemps…
Pourquoi condamner le sommeil ?
C'est dans l'assoupissement
Que j'ai trouvé la force de me lever,
Porté par le rêve…

Ainsi je chante la vie qui subsiste
Ma peau frémit, raconte mes souvenirs
Enfouis… Ainsi se transforme mon sort
Au rythme des corps qui se meuvent…
La mort n'était pas la fin.

L'histoire de nos Pères

Tel un fleuve qui se jette dans l'océan
Ce sont les songes qui trouvent les souvenirs :

La puissance et le fantasme de la mère
La victoire de la fantaisie puis la douleur

L'intense l'affliction face à la création divergente
L'effroi absolu des limites d'un monde nouveau

Méconnaissable mère défigurée par l'enfant
Qui apprendra à l'ignorant ce qui dépasse la peur ?

Puis la vie qui laisse sa trace dans notre regard
Elle pénètre la terre jusqu'à l'abîme, illumine le ciel

Sa force subsiste même après la résignation
Indomptable, elle témoigne de l'absolu, de l' infini...

L'horreur n'a pas eu d'emprise, ni l'esprit du sacrifice
La libre palpitation subsiste, le souffle parle encore

Il témoigne de la puissance et de l'imaginaire
La victoire de la fantaisie puis la lueur...

Ainsi parle le tam-tam,
Il raconte l'histoire de nos Pères.

(Du feu…)
Essentiel… Ce qui reste.

7. Le temps de laisser courir

Progresser : ne plus rien maîtriser,
Refuser le refuge de l'action fébrile ;

Progresser : réussir à se taire
Quand les mots sont devenus vains ;

Progresser : plonger la main dans l'immonde
Pour trouver celle de l'aimé ;

Aimer et répondre avec douceur :
«Non, je ne succomberai plus avec toi».

Perdre le contrôle

On la craint, on la révère
On l'adule, on la nie
On la considère
Même de loin

Elle habite notre quotidien
Vedette de nos actualités
On la prépare, on l'institutionalise
Elle est devenue loi

Etrange que la mort soit si populaire…
La vie demeure une grande inconnue.

On l'évite, on l'oublie
On la maudit, on la néglige
On finit par la détester
Sans même la connaître

La vie. Incontrôlable et sans gêne…
Ses leçons n'intéressent personne
Elle apprend pourtant bien l'attention,
La patience et le concret «laisser courir»…

Oui, la vie nous donne de perdre
Un contrôle bâclé de notre devenir.

8. L'instant

La vie a frappé et j'ai ouvert la porte :
Le présent appartient à celui qui respire.

La cadence de ma respiration,
Elle est l'harmonie de mon absolu !

Entre chaque inspiration, tout m'est possible
A chaque fois, le monde m'appartient,

Entre chaque expiration, ne compte
Que la joie d'une musique unique…

Battements de coeur, roulements
De tambour… d'un orchestre intérieur

J'en suis le chef incontesté…
Swing, valse ou encore l'inconnu ?

Choisir...
Et vibrer.

Puissance

La puissance est une curieuse alliée
Aussi discrète qu'efficace

Elle se fait vite oublier... Souvent...
Par celui là même qui la détient.

C'est parce qu'elle aime le mystère
L'oppression n'a jamais été son amie

La puissance n'a pas besoin d'emprise,
Se décline en précisions, sans hésitation

Fille de Sérénité, elle tient de sa mère
Et veut servir la confiance et la bonne foi

Prisonnière, elle s'étiole jusqu'à disparaître
Puissance n'appartient à personne

C'est ainsi qu'elle change le monde
En protégeant la gaieté de l'enfant

A chaque instant, entre deux éclats
L'air de rien...

Te rappelles-tu ?

9. Me voilà

Comme le tambour et le tam-tam
Et leur coups qui se font écho
Entre la terre et la mer

Il s'agissait d'apprendre à conforter
Quand les mains se joignent au coeur
Pour célébrer la vie qui résiste à la peine

Ce qu'il y a derrière ce pouvoir
Comme l'ombre qui révèle la lumière,
C'est la valeur du silence entre les notes

Ni le temps, ni l'espace
Ni le fouet, ni la trahison
Juste l'éternité que donne la joie reine

De réussir à danser malgré les plaies,
De rire encore, de servir l'espoir roi
Ainsi se transmet le règne…

Maîtres de fantaisie

Le puzzle est entier
La toute-puissance ?
Tout apaiser
A tout moment
Chercher

Maîtres de Fantaisie
Créateurs de mondes
A l'infini
S'entrecroisent
Les univers
Et ne compte plus
Le temps

Vouloir la fusion
De nos êtres…
C'est un choix
Je t'aime.
Et tout s'arrête.

(De l'eau)
Profond…

10. Réjouissances d'un interlude

Finalité de l'épique
Union de nos forces
Sourires de nos âmes
Idonéisme chatoyant
Oracle devenu inutile
Nous, nous, nous, nous, nous…

Scande la FUSION
Je nous entends.

11. Invisible

Qu'avaient-ils donc avec cette notion, cette matière ?
Ils l'analysaient comme une masse informe, isolée
L'observaient, la disséquaient, la blessaient…
Pourquoi avoir séparé ce qui est indivisible ?

Et pourquoi énumérer tant de catégories ?
A les entendre, tout se classait jusqu'à un sommet…
Les «faibles» servaient les «forts», puis la mort
Comme punition et l'humiliation, pilier fondateur.

Tant de souffrances, qu'ils n'arrivaient plus à voir
«L'invisible» n'avait plus ni odeur, ni couleurs
Ils marchaient déséquilibrés, malades sans remèdes
Se scarifiaient encore pour trouver des réponses…

Etrange monde, n'est-ce-pas, qu'ils aimaient
Louer en mangeant un des leurs, sans l'entendre
Crier. Jamais. Le plaisir était leur ultime confort…
Triste univers n'est-ce pas ? Il n'est plus.

Il n'est plus.

Eloge de la réserve

Nos émotions, nos forces insoupçonnées,
Je les reconnais quand elles dansent
Une réserve inexpliquée, se transforme
En liesse, au plus profond de soi…

C'est une assurance intérieure
Et silencieuse…
Une lumière ondoyante
Une fête de l'âme, une férie de l'être

C'est l'équilibre…

12. Le ménestrel

Le cynisme ne le fait pas sourire
Le sourire de la vengeance l'attriste
La colère lui est une souffrance horrible
Et la flâterie le fatigue…

Il vit en désapprenant ce qu'il a appris
Et se méfie de ce qu'il croit connaître
La différence l'exalte, le comble, encore !
La particularité de l'autre, oh, elle l'apaise…

Porter le deuil est la réalité de toute blessure
Tant, trop de pleurs pour ceux qui tombent
Et le désir inassouvi de ne faire aucun mal…
Partager le regard du rire est sa victoire !

Quand il oeuvre, c'est pour mieux respirer…
Toi, tu es autre…
Mais tu as écouté…
Tu as compris.

Métamorphose

Le cri
Qu'a poussé la mère
A la naissance
S'est inscrit
Marque
Douleur
Râle
Retentit
Fort
A l'intérieur
Echo
Tout autour
Horreur
Ce cri
Qu'on haletait
Qu'on dansait
Qu'on pleurait
A retenti
Si fort
Jusqu'à
Aujourd'hui
Autre
Aujourd'hui
Harmonie
Le cri
Est chant.

13. Je t'ai vu

Loin du chemin de l'errance
J'ai desserré les poings
J'ai renoncé à me battre
Ma sécurité n'a plus compté
J'ai trouvé la force
Et sans complaisance,
Je me suis fait face…
Et je t'ai vu.

Ainsi a parlé le bois et nous connaissons son langage
Car nous sommes semblables, sève des veines,
Depuis la racine, tout comme l'hêtre,
La tête dans les nuages, le bois a chanté :

Oh !
Ton effluve,
Ton souffle
Légère
Ta main
Chaude
Caresse,
Rend belle
Cicatrices
Guérit
L'être
Nos vies
Sont mêlées
Ton regard
Dans le mien
Nous sommes
Un
Depuis
Toujours
Je reviens
A qui
J'appartiens

Oh, fallait-il que je visse enfin !

(*a-tomos* – Grec
Qui ne peut être coupé)

14. Unique

Il ne peut être retranché
Malgré tous les efforts
Autrui est inscrit en moi
Nos luttes furent les mêmes
Sont entremêlées nos voies
C'est une lueur, un éclat, une paix

Ainsi suis-je multiple et unique
Plusieurs histoires, une seule vie
Pour une multitude d'existences
Une trame pourtant singulière
Pour une myriade de pulsations
Qui battent à l'unisson.

Au-delà des apparences
Un seul rythme psalmodie
Nous propulse, nous conduit
A chaque nouvelle vibration
Ainsi subsiste, éternelle,
L'Originelle...

L'ultime percussion,
Celle du coeur.

Epilogue

Est-ce mon histoire ?
Une question souvent posée en fin de concert.
J'y ai répondu... Avec mon langage.

Toi qui lis, en qui j'ai cru, c'était un rêve que de t'écrire ces mots.

Quatorze ans de vie et bien au-delà... En quatorze mélodies.
Je t'ai aimé et t'aime toujours aussi fort.

Avec toute mon affection.

Christina Goh

Table des matières

Prologue 09

Chapitre 1 – Thème d'un prélude 15

Chapitre 2 – Le lac 17

Chapitre 3 – En pensée 21

Chapitre 4 – Je retourne chez moi 25

Chapitre 5 – L'oubli 27

Chapitre 6 – La chanson du djembé 29

Chapitre 7 – Le temps de laisser courir 33

Chapitre 8 – L'instant 35

Chapitre 9 – Me voilà 37

Chapitre 10 – Réjouissances d'un interlude 41

Chapitre 11 – Invisible 43

Chapitre 12 – Le ménestrel 45

Chapitre 13 – Je t'ai vu 47

Chapitre 14 – Unique 51

Epilogue 53

**Retrouvez l'univers de 14 MELODIES avec
14 MELODIES – Le spectacle en DVD
14 MELODIES – Le Concert en CD audio**

Disponibles dans vos librairies
et plateformes en ligne.

http://14melodies.christinagoh.com

Quelques mots sur l'auteur

Christina Goh est une vocaliste française d'origine afro-antillaise. Auteur-compositeur et interprète, nominée aux Independent Music Awards aux Etats-Unis pour son éclectisme musical, la parolière développe son concept poético-musical depuis plus d'une décennie.

14 MELODIES est le sixième recueil de cette poétesse francophone à la plume particulière et incisive.

Découvrez tout l'univers de Christina Goh sur son site officiel

www.christinagoh.com